26 Mai 1887

BANQUET

DU GROUPE

DE L'UNION MONARCHIQUE

DE LA CONFÉRENCE

MOLÉ-TOCQUEVILLE

26 Mai 1887

———

BANQUET

DU GROUPE

DE L'UNION MONARCHIQUE

DE LA CONFÉRENCE

MOLÉ-TOCQUEVILLE

BANQUET

DU

GROUPE DE L'UNION MONARCHIQUE

DE LA

CONFÉRENCE MOLÉ-TOCQUEVILLE

———————

Le banquet annuel du groupe de l'Union monarchique de la conférence Molé a eu lieu, au Grand Hôtel, le jeudi 26 mai 1887. M. le duc de Broglie avait bien voulu accepter la présidence d'honneur ; en face de lui était assis le président actuel du groupe, M. Antoine Faure. Auprès d'eux étaient MM. le comte de Mérode, Ferdinand Duval, Edouard Hervé, Target, le marquis de Beauvoir, B. Saint-Marc Girardin, A. Deville, président en exercice de la conférence, A. de Claye, ancien président, Arnal, P. Dareste, H. Guéneau de Mussy, vice président du groupe, Coquelin et J. du Teil, secrétaires, etc.

MM. Lambert de Sainte-Croix, Buffet, de Ravignan, Andral, Guillaume Guizot, Antonin et Amédée Lefèvre-Pontalis, Choppin, Henry Boudet, F. Desportes, Dufeuille, Edouard Marbeau, de Lhomel et plusieurs autres s'étaient excusés de ne pouvoir assister à la réunion.

Une grande cordialité et une parfaite intimité n'ont cessé de régner pendant le repas et toute la soirée qui s'est prolongée assez tard.

Au dessert, M. Antoine Faure a pris la parole pour proposer le toast suivant :

Toast de M. Antoine Faure,
président du groupe.

Messieurs,

Je n'oserais prendre le premier la parole, si je n'avais hâte de remercier les défenseurs éminents de la cause monarchique qui ont bien voulu, en assistant à notre banquet annuel, nous donner un nouveau témoignage de leur sympathie, j'ajouterais un précieux encouragement, si notre dévouement et notre foi n'étaient pas de ceux qui ne se démentent point et que ne peuvent abattre ni les épreuves ni les caprices passagers de la fortune.

On s'est chargé du reste, par une odieuse iniquité, de nous lier plus étroitement à notre cause, de nous la rendre plus sacrée, cette cause du droit injustement frappé dont un de nos convives d'aujourd'hui se faisait hier encore l'éloquent défenseur.

Loin d'ébranler notre confiance, on l'a affermie en nous permettant d'entendre l'auguste parole qui est aujourd'hui le gage de nos espérances.

Mais si notre confiance dans l'avenir est plus vive et notre dévouement plus ardent que jamais, nous avons besoin de direction, d'enseignements et d'exemples ; aussi nous ne saurions trop vous remercier, vous, Messieurs, qui ne cessez de nous témoigner le plus bienveillant intérêt.

Vous, en particulier, Monsieur le duc, dont la haute situation s'impose à tous les partis, dont l'éloquence a subjugué les assemblées les plus hostiles et qui, cependant, ne dédaignez pas de venir chaque année grandir nos réunions par l'attrait de votre présence et le charme de votre parole ;

Et vous, Monsieur, qui, tout récemment, donniez à une de nos modestes séances mensuelles un éclat inaccoutumé en nous retraçant, sous les apparences de la plus aimable causerie, le rôle de la monarchie dans le passé et dans l'avenir, et en nous indiquant magistralement la route qui conduit au succès.

Cette route, vous n'avez pas tardé à la prendre vous-même ; il y a quelques jours, vous nous montriez comment on peut obtenir du suffrage universel une revanche sur lui-même. Mon prédécesseur vous l'avait, du reste, prédit ; seulement le prophète était trop modeste. Il n'avait pas voulu prévoir que, cette année, nous fêterions à la fois le succès d'un des présidents honoraires de la conférence et celui de notre président en exercice.

Vous aussi, mon cher Deville, vous nous avez donné un enseignement. Par votre talent et votre courage, vous nous avez prouvé que, dans ce grand parti monarchiste, il y a place pour tous les dévouements ; que, dans ce combat glorieux pour le triomphe des idées conservatrices, tous nous pouvons contribuer à la victoire, les anciens comme les jeunes, les maîtres comme les disciples.

Messieurs, vos présidents vous invitaient, les années précédentes, à boire à l'avenir ; je ne crois pas rompre la tradition qu'ils ont créée en vous proposant, ce soir, de boire aux chefs vaillants qui le préparent, à ceux à qui nous devrons le succès lorsque le réveil de la conscience publique nous permettra enfin de le recueillir.

M. le duc de Broglie a répondu par le discours suivant :

Discours de M. le duc de Broglie.

Messieurs,

J'avais déjà lieu d'être très reconnaissant, l'année dernière, quand vous avez bien voulu m'admettre dans cette réunion fraternelle à laquelle je n'avais droit de prendre part par aucun titre ni passé ni présent. Quels doivent être mes sentiments, aujourd'hui qu'à cette faveur si peu méritée vous joignez l'honneur qui l'est moins encore d'être appelé à vous présider? Pour vous remercier de tant de bienveillance, je ne vois, cette fois encore, d'autre moyen que de m'entretenir librement et à cœur ouvert avec vous de tout ce qui, dans les événements qui passent sous nos yeux, est de nature soit à confirmer nos convictions communes, soit à encourager les espérances auxquelles vous avez consacré votre jeunesse.

J'éprouve pourtant, cette fois, à le faire quelque embarras et un peu de tristesse. L'an dernier nous n'avions que des félicitations à mettre en commun. Nous étions au lendemain de cette grande manifestation électorale d'octobre 1885 à laquelle j'étais si heureux d'applaudir bien que d'une façon désintéressée, et qui attestait un vif et soudain réveil du sentiment conservateur en France. Je me permettais de vous dire que, quoiqu'on cherchât déjà à atténuer ou à dénaturer le sens de cette grande démonstration, au fond tout réveil du sentiment conservateur était un retour (encore inconscient parfois chez quelques-uns), mais certain, vers ce principe monarchique qui est, dans un pays comme le nôtre, la seule expression véritable, la seule garantie réelle, la seule incarnation durable des principes conservateurs.

Je n'ai, Dieu merci, rien à retirer de cette appréciation : le réveil conservateur se poursuit et se maintient, quoique sur le terrain plus ingrat et sous le souffle toujours moins fort des élections partielles ; et la ville de Paris elle-même vient de nous causer récemment, dans les élections municipales, une satisfaction et même une surprise dont je salue en ce moment autour de moi les vivants et précieux témoignages.

Mais si, au point de vue particulier du parti conservateur, nous n'avons rien que de satisfaisant à constater, il n'en est pas de même au point de vue national et patriotique : et ce sont les malheurs, les souffrances de notre pays qui viennent nous fournir une preuve nouvelle de la nécessité du principe dont nous appelons de nos vœux le rétablissement.

Vous savez, comme moi, en effet, quelle est

en ce moment la triste situation de la France, et quel spectacle elle donne à l'Europe étonnée. Nous venons de traverser des jours de grandes et sérieuses inquiétudes ; nous avons vu le moment où une guerre éclatant sans provocation pouvait rouvrir les blessures à peine fermées de notre patrie. Le danger éloigné à cette heure n'est pas, chacun le sent, absolument conjuré : de grandes épreuves peuvent nous menacer encore, on le dit tout haut à l'étranger. En face d'une pareille perspective, quel est l'état intérieur de la France ? Deux fois en six mois le gouvernement tout entier s'est effondré sous nos yeux. De longues semaines se sont écoulées dans des gestations ministérielles n'aboutissant à mettre au jour que des combinaisons éphémères qui ne réunissent aucune condition de vie ni de durée. A peine formé, chacun de ces ministères d'un jour se penche avec désespoir sur le bord d'un Trésor épuisé, sans réussir, je ne dis pas à le remplir, mais seulement à arrêter l'écoulement continu qui le vide de plus en plus. Et si nous jetons les regards autour de nous, que voyons-nous ? Partout des voisins froids et malveillants, des rangs serrés et pas une main tendue ; de sorte qu'on peut définir ainsi l'état présent : au dehors, l'hostilité et l'isolement ; au dedans, le déficit, la confusion et l'anarchie.

Voilà le bilan qu'après dix ans de gestion les républicains présentent à la France.

Il faut bien indiquer la cause d'un si déplorable résultat. Je le fais avec un regret sincère, sans chercher ni à en tirer un mesquin triomphe d'amour-propre personnel, ni la satisfaction puérile de l'esprit de parti. En particulier, dans le moment présent, je ne voudrais détourner aucun de nos amis qui sont engagés dans les assemblées républicaines et qui ont un mandat à y remplir, de venir en aide — s'ils le peuvent et si on le leur permet — aux républicains convertis ou avertis qui tâcheraient de conjurer les périls dont nous sommes menacés, ou d'arrêter le cours des maux dont nous souffrons. Je voudrais encore moins atténuer la part de responsabilité qui doit rester à la charge des fautes personnelles des hommes qui nous ont gouvernés depuis dix ans. Mais, en toute justice et en conscience, je suis pourtant obligé de dire que le mal lui-même est moins imputable aux fautes des hommes qu'aux vices de l'institution, et qu'il m'est impossible de n'y pas voir la conséquence nécessaire, le fruit naturel qu'on devait attendre, tôt ou tard, des institutions républicaines.

Je ne calomnierai point ces institutions — je ne ferai que les définir dans des termes qu'aucun de leurs défenseurs ne peut contester — en disant

qu'elles consistent à ne reconnaître dans un pays
d'autres pouvoirs que des pouvoirs temporaires
et électifs : en d'autres termes, des pouvoirs dont
les dépositaires n'ont que des mandats renouve-
lables à courte échéance et dépendent, à chaque
moment, de l'opinion qui règne ou du parti qui
domine dans le corps qui les élit.

Si tel est leur caractère (et qui pourrait le mettre en doute?), la conséquence est qu'il n'y a
dans de telles institutions aucun pouvoir chargé
de représenter ces intérêts durables et perma-
nents qui se transmettent d'une génération à
l'autre et, s'élevant au-dessus des partis, doivent
les dominer et leur survivre ; — aucun qui soit
assez sûr du lendemain pour ne pas être à tout
instant tenté de céder aux entraînements passagers de l'opinion du jour ; — aucun qui ait une
force suffisante à opposer à la pression momenta-
née et capricieuse d'une majorité électorale ; —
aucun qui reçoive de l'expérience ou de l'hérédité
les leçons et les traditions du passé ; — aucun
qui soit personnellement intéressé à prendre
souci de l'avenir. Les pouvoirs républicains sont
tous des pouvoirs pour qui le présent est tout,
hier et demain n'existent pas.

Dès lors, la moyenne des hommes et des assemblées n'étant composée ni de grands esprits
ni de grands caractères, on peut être assuré

d'avance que les grands et durables intérêts, qui ne touchent directement personne et avec qui personne n'a immédiatement à compter, seront méconnus, négligés, sacrifiés aux plus mesquines considérations de la politique contemporaine, et comme une nation n'en a pas de plus chers et de plus précieux, cet oubli de ses biens les plus essentiels l'amènera promptement à l'état de souffrance, de malaise et de dépérissement que nous avons sous les yeux !

Voilà la vérité, Messieurs, qu'il eût été peut-être aisé de prévoir, mais qu'il n'est pas possible de méconnaître quand on passe, même rapidement, en revue les maux évidents de la situation présente, ceux dont tout le monde parle et que tout le monde touche au doigt.

Voyez d'abord nos embarras financiers, sinon la plus grave, au moins la plus urgente de nos difficultés, puisque c'est celle-là qui a le privilège de causer périodiquement les crises ministérielles. Vous savez d'où ces embarras proviennent. Vous savez dans quel état l'Assemblée nationale de 1871, cette assemblée dont il a été si longtemps de bon goût de médire, avait laissé nos finances. A force de sacrifices généreusement consentis et ingénieusement combinés, elle avait, sans épuiser les ressources du pays, établi un budget non seulement en équilibre, mais doté

d'un excédent qui pouvair être employé tour à
tour, suivant les circonstances, soit à atténuer les
charges du passé, soit à faire face aux éventualités
de l'avenir. Voilà dans quel état nous avons trans-
mis les finances aux républicains.

Un jour ou plutôt une nuit (car on nous a
appris que c'était une nuit), quelques hommes se
sont réunis. Et pour inaugurer leur entrée au
pouvoir et le don de joyeux avènement de la
République, ils ont levé la digue que nous avions,
à si grand'peine, opposée au flot des dépenses in-
considérées, et l'inondation a suivi. Puis d'autres
sont venus après eux, qui, à leur tour, avaient
leur bienvenue à se faire souhaiter et n'ont pas
voulu rester en arrière de largesses et de prodiga-
lités électorales. Et c'est ainsi qu'ont été jetées au
vent toutes les ressources que nous avions pru-
demment ménagées pour l'avenir. Où sont-ils
aujourd'hui ceux qui ont ainsi lâché toutes les
écluses et ouvert les débouchés par lesquels s'est
écoulée la fortune publique? Quelques-uns sont
déjà dans la tombe, d'autres sont rentrés dans la
vie privée et y prêchent l'économie. Où sont-elles
les majorités parlementaires qui ont écouté d'une
oreille si complaisante ces flatteries faites à leur
adresse? Elles ont déjà été renouvelées deux fois,
et leurs électeurs ne leur ont pas toujours témoi-
gné la reconnaissance qu'elles attendaient. Toutes

ces ombres politiques ont passé ; mais la France dure et reste, obligée de payer la conséquence de leurs folies, sous la forme de l'intérêt de leurs emprunts. Pensez-vous que tout se serait passé de même, s'il y avait eu au-dessus ou à côté de ces pouvoirs fugitifs un pouvoir durable qui, destiné à porter le poids de leurs fautes, aurait eu à la fois la vue assez longue pour les prévoir et la force de les prévenir ? Et remarquez que la leçon n'a même pas encore servi, parce que chacun espère toujours qu'il n'aura pas personnellement à la recevoir. Que font nos ministres des finances et nos commissions du budget, dans leurs interminables discussions ? Ils travaillent tout simplement par une série d'expédients à retarder l'échéance de la liquidation fatale que chacun prévoit, pour en passer la responsabilité à leurs successeurs. Nos finances, confiées à de pareils gardiens, sont comme ces allumettes enflammées que des enfants, dans leurs jeux, s'amusent à se transmettre de l'un à l'autre, chacun ayant soin de ne les tenir dans sa main que le temps nécessaire pour qu'elles aillent s'éteindre dans celle de leur camarade. Tout le monde pressent la catastrophe, personne ne veut qu'elle arrive de son vivant ministériel ou de son vivant électoral.

C'est exactement le même spectacle, avec des conséquences plus affligeantes, qui nous frappe,

si nous jetons les yeux sur nos relations diploma-
tiques. C'est ce même caractère de mobilité cons-
tante qui nous empêche de nous ménager autour
de nous en Europe aucune alliance véritable. Et
cependant, qui aurait plus besoin d'alliances
qu'une nation qui vient de soutenir un si terrible
duel, suivi d'une si douloureuse issue, et qui n'a
guère d'autre moyen que des alliances pour réta-
blir l'équilibre des forces, si gravement altéré à
son détriment ? Mais des alliances, quel gouvernement veut en contracter avec un pouvoir qui
change d'un jour à l'autre de visage, comme d'esprit et de tendance ? A qui donner une parole, et
de qui la recevoir, quand on n'est jamais sûr à
qui on aura affaire, quand il s'agira de la tenir ?
Il m'est arrivé une fois, au Sénat, revenant de l'é-
tranger, de rapporter à la tribune cette triste
parole que j'avais entendue de la bouche d'un
homme d'État important : Que voulez-vous qu'on
fasse avec la France ? Il n'y a plus rien là, ni personne. On m'accusa d'exagération, et, à ce moment, c'était encore en effet une hyperbole. Mais
c'est la stricte vérité aujourd'hui. Ne venons-nous
pas de voir, il y a peu de mois, notre ministère des
affaires étrangères vacant, parce que personne ne
voulait le remplir, puis, mis en adjudication auprès de tous nos ambassadeurs, aucun de ceux
qui connaissaient notre situation extérieure ne

voulant se présenter à l'enchère. Et cependant cet isolement se prolonge, et vienne l'épreuve qu'on redoute, on ne trouvera encore le long de notre frontière que des visages indifférents ou ennemis, personne ne voulant être compromis dans nos épreuves ; heureux encore si quelques-uns ne se proposent pas déjà, au cas où la fortune nous trahirait, de tirer parti de nos malheurs, ne fût-ce que pour ne pas laisser d'autres en profiter seuls.

Et notre armée ! C'est là le grand, le véritable intérêt national par excellence ! Mais c'est aussi celui qui a besoin de suite et d'unité dans la direction. C'est l'armée surtout qu'il faut tenir à l'abri des influences politiques et de toutes les considérations de parti. Qu'est-ce qu'une armée dont les chefs changent continuellement et sont choisis non en raison de leur capacité et de leur dévouement éprouvés, mais en raison de leurs préférences pour telle ou telle opinion politique ou de leur affinité pour tel ou tel groupe parlementaire? A ce point de vue, que dire des dix ministres de la guerre que nous venons de voir défiler sous nos yeux en dix années, chacun apportant avec lui son système, ses théories, ses favoris, ses protégés, et ce qui est pire encore, ses protecteurs ! chacun d'eux correspondant à une nuance particulière de la majorité républicaine ! Que dire de cette loi d'organisation militaire remise vingt fois sur le tapis, retirée, reprise, remaniée, toujours en vue non de préparer sérieusement la défense nationale, mais de satisfaire tantôt des passions de secte, tantôt des préjugés égalitaires, ou de mettre au rabais, par une complaisance électorale, la durée du service que chaque citoyen doit à son pays? Quels que soient le dévouement, l'expérience de nos généraux et l'ardeur de nos jeunes officiers, quel fond peut-on faire sur ce sable toujours mouvant? Et quel spectacle au même moment nous donne-t-on à Berlin ! Il faut le dire, car il faut savoir admirer même ce qui afflige. Là un vieux souverain, célébrant le quatre-vingt-dixième anniversaire de sa naissance, peut dire à son armée que de ces quatre-vingt-dix ans de vie, il en a passé quatre-vingts soit dans ses rangs, soit à sa tête, présent au milieu d'elle sur tous les champs de bataille, associé à toutes ses épreuves, à ses défaites qu'il a subies sans fléchir et à ses triomphes qu'il a su préparer ! Et autour de lui, il peut montrer ses enfants et ses petits-enfants, marchant sur ses traces et élevés à la même école ! Quelle force cette hérédité royale ne prête-t-elle pas à la tradition de l'esprit militaire ? Et quelle comparaison douloureuse ne se présente pas alors à l'esprit ! Est-ce que nous aussi nous n'avions pas nos princes, faits au feu et nourris dans les camps dès l'enfance ? L'un d'eux même s'était illustré par un glorieux fait d'armes avant d'avoir atteint sa vingt-cinquième année ! C'est celui-là dont la République a trouvé la présence dans l'armée et même sur le territoire, incompatible avec sa sécurité et son existence ! Et pour le déclarer déchu de son grade, le reproche qu'on lui a fait, c'est précisément d'avoir été victorieux avant l'âge légal ! Ceux qui lui ont fait ce grief n'avaient pas, il faut en convenir, eu occasion d'encourir le même reproche. Il est vrai aussi qu'il lui reste la consolation de consacrer l'ardeur de son âme à célébrer les gloires passées de la France, puisqu'on lui interdit d'en accroître le nombre et l'éclat. Il est vrai encore que, si de nouvelles épreuves nous étaient réservées, plus d'un des fils de cette race royale aurait la ressource déjà employée de déguiser ses traits et de cacher son nom pour venir combattre dans les rangs de nos défenseurs. Mais que de forces perdues pour le pays ! Et cependant tel est le besoin qu'une nation éprouve de voir à la tête de ses armées un homme, un nom sur qui elle puisse reporter sa confiance, que parmi tant d'inconnus qu'on fait passer devant elle, tous occupant un instant la première place, elle en choisit un, au hasard, qui, s'il n'a pas su s'illustrer, a su au moins se faire remarquer et se produire, et elle lui accorde pour quelques jours, sans savoir pourquoi, à la place d'une renommée véritable, une popularité factice.

Voilà pour tout ce qui touche aux véritables intérêts du pays la conséquence fatale, inévitable, et déjà réalisée sous nos yeux du caractère étroit et mobile des institutions républicaines. Mais je prévois ce qu'on peut me dire. Ce reproche n'atteint-il pas aussi les institutions constitutionnelles des pays monarchiques et en particulier ce qu'on appelle le régime parlementaire ? Car sous ce régime aussi, le gouvernement des assemblées et l'action souveraine des majorités amènent de fréquentes révolutions ministérielles suivies de changements politiques. Ce n'est pas ici, Messieurs, l'heure et le lieu de discuter sur la valeur et les conditions du régime parlementaire. Je n'ai même pas le temps d'expliquer ce que l'expérience nous a, je crois, appris à tous à cet égard, c'est que l'on a donné, sous nos monarchies constitutionnelles, une portée logique exagérée aux maximes sur lesquelles on appuyait ce régime, en particulier à cette fameuse formule : *le roi règne et ne gouverne pas*, qui, effectivement, prise au pied de la lettre, ferait trop ressembler la monarchie à la République. Je ne suis pas le seul à penser que cette maxime ne peut plus être adoptée sans beaucoup d'exceptions et de réserves ; c'était l'avis, ce me semble, de l'inventeur même de la formule, de M. Thiers. Il est vrai que, quand j'ai eu l'occasion d'approcher de lui, dans ma vie publique, la fortune l'avait appelé à régner, sous le nom de président républicain. Mais je réponds qu'à ce moment et en cette qualité au moins, il ne croyait pas qu'un homme pût régner, sans gouverner en même temps dans une certaine et même très large mesure.

Mais sans entrer dans des développements que ce moment ne comporte pas, j'accepte l'objection tout entière et je l'écarte tout simplement. S'il y a dans le monde, en effet, un pays où le régime parlementaire soit en vigueur, c'est en Angleterre, qui est la terre natale et classique de ce régime, et s'il y a un souverain au monde qui en ait observé rigoureusement les conditions, c'est la reine qui gouverne ce grand pays. Personne ne fait à la reine Victoria le reproche d'y avoir manqué : on lui reprocherait même plutôt en Angleterre de laisser trop effacer ses prérogatives personnelles. Eh bien ! on va célébrer le cinquantième anniversaire de l'avènement de la reine Victoria. C'est une grande époque pour l'Angleterre que ces cinquante années de règne : pendant ce demi-siècle, l'Angleterre a vu modifier profondément toutes ses institutions politiques et civiles, décupler sa population et ses richesses, sa domination s'étendre sur toutes les mers et son influence se maintenir en Europe, le tout au sein

de l'ordre le plus régulier et d'une paix cons-
tante. Eh bien ! demandez à un Anglais quel-
conque si tous les bienfaits dont il va aller rendre
grâce à Dieu, il les aurait obtenus également,
supposé que pendant ces cinquante ans, au lieu
d'une vertueuse souveraine, il avait vu figurer
successivement à la tête de son pays sept présidents de République, gouvernant chacun sept
années. S'il y en a un qui réponde affirmative-
ment, j'ai tort, et il n'y a pas de différence entre
la monarchie constitutionnelle et la République.

Quelques mots encore avant de finir. Puisque
l'ordre des idées m'a amené à parler tour à tour
de la monarchie à Berlin et de la monarchie à
Londres, est-ce que vous n'admirerez pas avec
moi la souplesse de ce principe monarchique qui
se prête, suivant les lieux et l'esprit des popula-
tions, à des applications si différentes ; ici repré-
senté par un vieux soldat à la tête de son armée,
là par une noble femme, présidant au nom de la
loi aux libertés publiques d'un grand peuple ? Et
à nos côtés ne pourrions-nous pas en voir un
autre exemple chez cette nation espagnole si
fière encore malgré le déclin de sa fortune et qui,
après des années de guerre civile, s'incline de si
bonne grâce devant une jeune reine portant dans
ses bras un enfant royal ! Eh bien ! cette souplesse
de ce principe qui s'adapte à toutes les formes de

société, on en verra, laissez-moi vous l'assurer, un autre exemple, quand la fortune de notre pays sera confiée de nouveau au représentant de cette grande Maison de France dont le mérite a été à toutes les époques de savoir se prêter à tous les développements amenés par le temps et le progrès des mœurs dans l'état social de la nation, qui lui avait confié ses destinées. Vous le retrouverez, cet héritier de la Maison royale, tel que vous l'avez vu, quand on le laissait vivre parmi nous, intelligent de toutes les conditions de son temps et de son pays, aussi à son aise avec la démocratie de nos jours que ses aïeux avec la chevalerie du moyen âge, et parlant toujours à la France moderne, comme dans le noble adieu qu'il lui adressait l'an dernier, un langage digne de lui et digne d'elle, le seul qu'elle puisse écouter et comprendre !

Nous n'avons pas voulu marquer, au cours de cette reproduction, les mouvements provoqués à chaque instant dans l'assistance par cette parole si haute, par cette éloquence qui réunit à la fois l'ampleur et la simplicité, par cette démonstration si vive et si pressante de la véritable cause des maux cruels dont la France souffre et dont elle ne pourra s'affranchir qu'en revenant à la monarchie.

M. Ferdinand Duval s'est fait ensuite le chaleureux interprète des sentiments de la réunion. Avec un bonheur d'expressions qui a été vivement goûté, il a remercié M. le duc de Broglie ; et, au moment où tout semble s'amoindrir et s'abaisser autour de nous, il a salué en lui un de ces hommes qui s'imposent au respect de tous et honorent leur pays par la grandeur du talent et la noblesse du caractère.

13759. — PARIS. IMPRIMERIE F LEVÉ, RUE CASSETTE 17.

9 782012 482654